나의 집밥 수련 일지
My Cooking Diary _ Aeree's Life Recipe

Vol 01. 애리의 인생 레시피

"다른 사람을 위해
음식을 만드는 일에 많은 세월을 보냈습니다.
60대에 접어든 지금,
그 세월은 제 삶의 진정한 의미를 깨닫게 해주었습니다.
이 책이 누군가의 여정의 시작에 영감을 주고,
따뜻한 응원이 되길 바랍니다."

행복 가득한 어느날
장애리 드림

There is a unique warmth in a home-cooked meal that no restaurant can replicate. Every bite embodies love, care, and comfort, nourishing not just the body but also the heart. The aroma of food cooking in the kitchen fills the home, evoking a sense of nostalgia and belonging. A simple meal shared with loved ones often holds more meaning than a lavish feast elsewhere.

At home, food transcends mere nourishment—it becomes a catalyst for creating memories around the table, where laughter and conversation flow freely. The kitchen transforms into the heart of the home, and shared meals become the soul of the family. Whether it's a warm bowl of soup on a cold evening or a hearty dish prepared with care, home-cooked food serves as a reminder that love is best served on a plate. After a long day, nothing soothes the soul quite like a familiar, comforting meal enjoyed in the warmth of home.

나는 매일
나에게 어떤 음식을
주고 있나요?

나의 일부가 될
음식을 직접 만들고
나에게 선물하는 시간

그 경험을 통해
몸과 마음이 가진
최대한의 잠재력을
만나게 될 거예요.

The best meals aren't served in fancy restaurants but at home, especially when shared with loved ones

Are you where you hoped to be, or are you still exploring your path?

나는 지금 어떤 상황이고
경험하고 싶은 것은 무엇인가요?

이 경험을 위해
어떤 노력을 할 수 있을까요.

What small actions can you take today to work toward this?

Can you make a promise to yourself and honor it like you would for someone you love?

나를 위한
시간과 노력에 대한 약속.

좋아하는 음식

먹지 못하거나 싫어하는 음식

지금 할 수 있는 메뉴

○ _____   ○ _____
○ _____   ○ _____
○ _____   ○ _____
○ _____   ○ _____
○ _____   ○ _____
○ _____   ○ _____
○ _____   ○ _____
○ _____   ○ _____
○ _____   ○ _____
○ _____   ○ _____
○ _____   ○ _____
○ _____   ○ _____
○ _____   ○ _____
○ _____   ○ _____

더 익히고 싶은 메뉴

○
○
○
○
○
○
○
○
○
○
○
○
○
○

○
○
○
○
○
○
○
○
○
○
○
○
○
○

My Cooking Diary

집밥 수련 일지 사용법
레시피 이미지에 있는 큐알의 영상을 참고해 보세요.

나의 집밥 수련 일지

Weekly Meal Prep Plan

I will prepare my meals with care, savor each bite, and appreciate the nourishment it brings.

월 /

화 /

수 /

목 /

금 /

토 /

일 /

/   ~   /

쇼핑 리스트

메모

Weekly Meal Prep Plan

I will prepare my meals with care, savor each bite, and appreciate the nourishment it brings.

월 /

화 /

수 /

목 /

금 /

토 /

일 /

/   ~   /

쇼핑 리스트

메모

My Cooking Diary

Weekly Meal Prep Plan

I will prepare my meals with care, savor each bite, and appreciate the nourishment it brings.

월 /

화 /

수 /

목 /

금 /

토 /

일 /

/ ~ /

쇼핑 리스트

메모

Weekly Meal Prep Plan

I will prepare my meals with care, savor each bite, and appreciate the nourishment it brings.

월 /

화 /

수 /

목 /

금 /

토 /

일 /

/   ~   /

쇼핑 리스트

메모

Weekly Meal Prep Plan

I will prepare my meals with care, savor each bite, and appreciate the nourishment it brings.

월 /

화 /

수 /

목 /

금 /

토 /

일 /

/   ~   /

쇼핑 리스트

메모

Weekly Meal Prep Plan

I will prepare my meals with care, savor each bite, and appreciate the nourishment it brings.

월 /

화 /

수 /

목 /

금 /

토 /

일 /

/   ~   /

쇼핑 리스트

메모

Weekly Meal Prep Plan

I will prepare my meals with care, savor each bite, and appreciate the nourishment it brings.

월 /

화 /

수 /

목 /

금 /

토 /

일 /

/   ~   /

쇼핑 리스트

메모

Weekly Meal Prep Plan

I will prepare my meals with care, savor each bite, and appreciate the nourishment it brings.

월 /

화 /

수 /

목 /

금 /

토 /

일 /

/   ~   /

쇼핑 리스트

메모

Weekly Meal Prep Plan

I will prepare my meals with care, savor each bite, and appreciate the nourishment it brings.

월 /

화 /

수 /

목 /

금 /

토 /

일 /

/   ~   /

쇼핑 리스트

메모

Weekly Meal Prep Plan

I will prepare my meals with care, savor each bite, and appreciate the nourishment it brings.

월 /

화 /

수 /

목 /

금 /

토 /

일 /

/   ~   /

쇼핑 리스트

메모

Weekly Meal Prep Plan

I will prepare my meals with care, savor each bite, and appreciate the nourishment it brings.

월 /

화 /

수 /

목 /

금 /

토 /

일 /

/   ~   /

쇼핑 리스트

메모

Weekly Meal Prep Plan

I will prepare my meals with care, savor each bite, and appreciate the nourishment it brings.

월 /

화 /

수 /

목 /

금 /

토 /

일 /

/   ~   /

쇼핑 리스트

메모

매일
반복되는 일상의 힘을
믿어 보세요.
놀라운 변화를
경험하게 될 거예요.

My Cooking Diary

년   월   일   요일

나는 하루하루 음식을 통해 나의 몸과 마음을 돌봅니다.

요리명   Lemon cube 레몬 큐브

재료

레시피

My Cooking Diary

년   월   일   요일

나는 하루하루 음식을 통해 나의 몸과 마음을 돌봅니다.

요리명 **Bomdong Salad** 봄동 샐러드

재료

레시피

My Cooking Diary

년   월   일   요일

나는 하루하루 음식을 통해 나의 몸과 마음을 돌봅니다.

요리명 Spring Cabbage Doenjang Salad 봄동 된장무침

재료

레시피

My Cooking Diary

년　　　월　　　일　　　요일

나는 하루하루 음식을 통해 나의 몸과 마음을 돌봅니다.

요리명　*Stir-fried Soybean Sprouts*　　콩나물볶음

재료

레시피

My Cooking Diary

년　　　월　　　일　　　요일

나는 하루하루 음식을 통해 나의 몸과 마음을 돌봅니다.

요리명 Seasoned Cucumber and Chive Salad 오이부추 무침

재료

레시피

My Cooking Diary

년   월   일   요일

나는 하루하루 음식을 통해 나의 몸과 마음을 돌봅니다.

요리명 Stir-fried Perilla Sprouts 깻잎순 볶음

재료

레시피

My Cooking Diary

년   월   일   요일

나는 하루하루 음식을 통해 나의 몸과 마음을 돌봅니다.

요리명   Anchovy Broth 멸치육수

재료

레시피

My Cooking Diary

년   월   일   요일

나는 하루하루 음식을 통해 나의 몸과 마음을 돌봅니다.

요리명   *Carottes râpées*   당근라페

재료

레시피

My Cooking Diary

년   월   일   요일

나는 하루하루 음식을 통해 나의 몸과 마음을 돌봅니다.

요리명 Seasoned Sea Fennel Salad 세발나물 겉절이

재료

레시피

My Cooking Diary

년   월   일   요일

나는 하루하루 음식을 통해 나의 몸과 마음을 돌봅니다.

요리명   Seasoned Sea Fennel   세발나물 무침

재료

레시피

My Cooking Diary

년   월   일   요일

나는 하루하루 음식을 통해 나의 몸과 마음을 돌봅니다.

요리명 Pork and Kimchi Pot Rice 돼지고기 김치솥밥

재료

레시피

My Cooking Diary

년   월   일   요일

나는 하루하루 음식을 통해 나의 몸과 마음을 돌봅니다.

요리명 Steamed Vegetables 채소찜

재료

레시피

My Cooking Diary

년   월   일   요일

나는 하루하루 음식을 통해 나의 몸과 마음을 돌봅니다.

요리명 Soft-Boiled Marinated Egg 간장란

재료

레시피

My Cooking Diary

년   월   일   요일

나는 하루하루 음식을 통해 나의 몸과 마음을 돌봅니다.

요리명 **Pickled Cabbage** 알배추 절임

재료

레시피

My Cooking Diary

년 　 월 　 일 　 요일

나는 하루하루 음식을 통해 나의 몸과 마음을 돌봅니다.

요리명 Rice Cooked in a Mushroom Pot 버섯 솥밥

재료

레시피

My Cooking Diary

년   월   일   요일

나는 하루하루 음식을 통해 나의 몸과 마음을 돌봅니다.

요리명 Stir-fried Shishito Peppers and Anchovies 꽈리고추 멸치볶음

재료

레시피

My Cooking Diary

년   월   일   요일

나는 하루하루 음식을 통해 나의 몸과 마음을 돌봅니다.

요리명   Avocado Mayonnaise   아보카도 마요네즈

재료

레시피

My Cooking Diary

년　　　월　　　일　　　요일

나는 하루하루 음식을 통해 나의 몸과 마음을 돌봅니다.

요리명　Three Sauces Made with Avocado Mayonnaise　아보카도 마요네즈 활용 소스 까지

재료

레시피

My Cooking Diary

년　　월　　일　　요일

나는 하루하루 음식을 통해 나의 몸과 마음을 돌봅니다.

요리명　Steamed Eggplant and Shishito Peppers　가지 꽈리고추 찜

재료

레시피

My Cooking Diary

년   월   일   요일

나는 하루하루 음식을 통해 나의 몸과 마음을 돌봅니다.

요리명   **Lotus Root Salad** 연근 샐러드

재료

레시피

My Cooking Diary

년　　　월　　　일　　　요일

나는 하루하루 음식을 통해 나의 몸과 마음을 돌봅니다.

요리명　Marinated Tomatoes　토마토 마리네이드

재료

레시피

My Cooking Diary

년　　　월　　　일　　　요일

나는 하루하루 음식을 통해 나의 몸과 마음을 돌봅니다.

요리명　**Steamed Perilla Leaves**　깻잎찜

재료

레시피

My Cooking Diary

년   월   일   요일

나는 하루하루 음식을 통해 나의 몸과 마음을 돌봅니다.

요리명 **Steamed Eggs** 달걀찜

재료

레시피

My Cooking Diary

년   월   일   요일

나는 하루하루 음식을 통해 나의 몸과 마음을 돌봅니다.

요리명 Rolled Omelette 달걀말이

재료

레시피

My Cooking Diary

년   월   일   요일

나는 하루하루 음식을 통해 나의 몸과 마음을 돌봅니다.

요리명   *Egg Salad*   달걀 샐러드

재료

레시피

My Cooking Diary

년   월   일   요일

나는 하루하루 음식을 통해 나의 몸과 마음을 돌봅니다.

요리명   Eggplant Pot Rice   가지 솥밥

재료

레시피

My Cooking Diary

년　　　월　　　일　　　요일

나는 하루하루 음식을 통해 나의 몸과 마음을 돌봅니다.

요리명　Slender Seaweed Oyster Soup　매생이굴국

재료

레시피

My Cooking Diary

년   월   일   요일

나는 하루하루 음식을 통해 나의 몸과 마음을 돌봅니다.

요리명 Beef Seaweed Soup 소고기미역국

재료

레시피

My Cooking Diary

년   월   일   요일

나는 하루하루 음식을 통해 나의 몸과 마음을 돌봅니다.

요리명 Pork and Fermented Shrimp Tofu Stew 돼지고기 새우젓 두부찌개

재료

레시피

My Cooking Diary

년   월   일   요일

나는 하루하루 음식을 통해 나의 몸과 마음을 돌봅니다.

요리명 **Korean Braised Pork** 돼지기 수육

재료

레시피

My Cooking Diary

년   월   일   요일

나는 하루하루 음식을 통해 나의 몸과 마음을 돌봅니다.

요리명   Pork Noodle Soup   고기국수

재료

레시피

My Cooking Diary

년   월   일   요일

나는 하루하루 음식을 통해 나의 몸과 마음을 돌봅니다.

요리명 Pollock Roe Soft Tofu Stew 명란 순두부

재료

레시피

My Cooking Diary

년   월   일   요일

나는 하루하루 음식을 통해 나의 몸과 마음을 돌봅니다.

요리명   Braised Tofu 두부조림

재료

레시피

My Cooking Diary

년   월   일   요일

나는 하루하루 음식을 통해 나의 몸과 마음을 돌봅니다.

요리명 Dried Pollock Soup 황태국

재료

레시피

My Cooking Diary

년　　　월　　　일　　　요일

나는 하루하루 음식을 통해 나의 몸과 마음을 돌봅니다.

요리명　**Mushroom Perilla Seed Soup**　버섯 들깨탕

재료

레시피

My Cooking Diary

년   월   일   요일

나는 하루하루 음식을 통해 나의 몸과 마음을 돌봅니다.

요리명 *Galbitang* 갈비탕

재료

레시피

My Cooking Diary

년   월   일   요일

나는 하루하루 음식을 통해 나의 몸과 마음을 돌봅니다.

요리명   *galbijjim* 갈비찜

재료

레시피

My Cooking Diary

년   월   일   요일

나는 하루하루 음식을 통해 나의 몸과 마음을 돌봅니다.

요리명 **Banquet Noodles** 잔치국수

재료

레시피

My Cooking Diary

년   월   일   요일

나는 하루하루 음식을 통해 나의 몸과 마음을 돌봅니다.

요리명   *Bibim-guksu* 비빔국수

재료

레시피

My Cooking Diary

년　　월　　일　　요일

나는 하루하루 음식을 통해 나의 몸과 마음을 돌봅니다.

요리명　Korean Pan-fried Beef Pancake　육전

재료

레시피

My Cooking Diary

년   월   일   요일

나는 하루하루 음식을 통해 나의 몸과 마음을 돌봅니다.

요리명   Korean Pan-fried Pollock Pancake   동태전

재료

레시피

My Cooking Diary

년　　　월　　　일　　　요일

나는 하루하루 음식을 통해 나의 몸과 마음을 돌봅니다.

요리명　**Korean Pan-fried Zucchini Pancakes**　애호박전

재료

레시피

My Cooking Diary

년   월   일   요일

나는 하루하루 음식을 통해 나의 몸과 마음을 돌봅니다.

요리명 Korean Pan-fried Vegetable and Mushroom Pancake 야채버섯전

재료

레시피

My Cooking Diary

년   월   일   요일

나는 하루하루 음식을 통해 나의 몸과 마음을 돌봅니다.

요리명   Braised Mackerel   고등어조림

재료

레시피

My Cooking Diary

년   월   일   요일

나는 하루하루 음식을 통해 나의 몸과 마음을 돌봅니다.

요리명   Braised Oxtail 소꼬리 수육

재료

레시피

My Cooking Diary

년   월   일   요일

나는 하루하루 음식을 통해 나의 몸과 마음을 돌봅니다.

요리명   **Witch Soup**   마녀 수프

재료

레시피

My Cooking Diary

년   월   일   요일

나는 하루하루 음식을 통해 나의 몸과 마음을 돌봅니다.

요리명   Wine-marinated Pork Belly   와인 삼겹살

재료

레시피

My Cooking Diary

년　　　월　　　일　　　요일

나는 하루하루 음식을 통해 나의 몸과 마음을 돌봅니다.

요리명　Stir-fried Crispy Chicken Necks　바싹 닭목살 볶음

재료

레시피

My Cooking Diary

년   월   일   요일

나는 하루하루 음식을 통해 나의 몸과 마음을 돌봅니다.

요리명   Braised Semi-dried Pollock 코다리 조림

재료

레시피

My Cooking Diary

년   월   일   요일

나는 하루하루 음식을 통해 나의 몸과 마음을 돌봅니다.

요리명   Korean Pan-fried Meatballs   동그랑땡

재료

레시피

My Cooking Diary

년   월   일   요일

나는 하루하루 음식을 통해 나의 몸과 마음을 돌봅니다.

요리명   *Ragù* 라구

재료

레시피

My Cooking Diary

년   월   일   요일

나는 하루하루 음식을 통해 나의 몸과 마음을 돌봅니다.

요리명   Fish Soup 생선탕

재료

레시피

My Cooking Diary

년 월 일 요일

나는 하루하루 음식을 통해 나의 몸과 마음을 돌봅니다.

요리명 Grilled Vegetable Salad 구운 채소 샐러드

재료

레시피

My Cooking Diary

년   월   일   요일

나는 하루하루 음식을 통해 나의 몸과 마음을 돌봅니다.

요리명 Beef Tendon Boiled Slices 스지 수육

재료

레시피

My Cooking Diary

　　　　　　　　　　　　　　　년　　　월　　　일　　　요일

나는 하루하루 음식을 통해 나의 몸과 마음을 돌봅니다.

요리명 *Stir-fried Zucchini with Fermented Shrimp*　　호박 새우젓볶음

재료

레시피

My Cooking Diary

년   월   일   요일

나는 하루하루 음식을 통해 나의 몸과 마음을 돌봅니다.

요리명 Spicy Braised Chicken Stew 닭볶음탕

재료

레시피

My Cooking Diary

년   월   일   요일

나는 하루하루 음식을 통해 나의 몸과 마음을 돌봅니다.

요리명 Stir-fried Beef with Pickled Napa Cabbage   절임배추 소고기 볶음

재료

레시피

My Cooking Diary   년   월   일   요일

나는 하루하루 음식을 통해 나의 몸과 마음을 돌봅니다.

요리명

재료

레시피

My Cooking Diary

년   월   일   요일

나는 하루하루 음식을 통해 나의 몸과 마음을 돌봅니다.

요리명

재료

레시피

My Cooking Diary

년   월   일   요일

나는 하루하루 음식을 통해 나의 몸과 마음을 돌봅니다.

요리명

재료

레시피

My Cooking Diary

년   월   일   요일

나는 하루하루 음식을 통해 나의 몸과 마음을 돌봅니다.

요리명

재료

레시피

My Cooking Diary

년　　　월　　　일　　　요일

나는 하루하루 음식을 통해 나의 몸과 마음을 돌봅니다.

요리명

재료

레시피

My Cooking Diary

년   월   일   요일

나는 하루하루 음식을 통해 나의 몸과 마음을 돌봅니다.

요리명

재료

레시피

My Cooking Diary

년   월   일   요일

나는 하루하루 음식을 통해 나의 몸과 마음을 돌봅니다.

요리명

재료

레시피

My Cooking Diary

년   월   일   요일

나는 하루하루 음식을 통해 나의 몸과 마음을 돌봅니다.

요리명

재료

레시피

My Cooking Diary

년   월   일   요일

나는 하루하루 음식을 통해 나의 몸과 마음을 돌봅니다.

요리명

재료

레시피

My Cooking Diary

년   월   일   요일

나는 하루하루 음식을 통해 나의 몸과 마음을 돌봅니다.

요리명

재료

레시피

My Cooking Diary

년   월   일   요일

나는 하루하루 음식을 통해 나의 몸과 마음을 돌봅니다.

요리명

재료

레시피

My Cooking Diary

년   월   일   요일

나는 하루하루 음식을 통해 나의 몸과 마음을 돌봅니다.

요리명

재료

레시피

어떤 변화가
일어났나요?

변화는 단순한 성장이 아니라,
당신이 되어야 할 사람으로 거듭나는
기적이랍니다.

Change is not just growth; it's the miracle
of becoming who you were meant to be.

나는 지금 어떤 상황이고
수련을 통해 얻은 것은 무엇인가요?

이번 여정에서 느낀 것,
그리고 기억하고 싶은 것은 무엇인가요?

In both cooking and life, the secret to success is to keep trying, keep learning, and never stop creating.

애리부엌에 오셔서
더 많은 레시피를 담아가세요.

📷 @aeree_jjang
▶ @애리부엌